AF243006

# RÉFUTATION
## DE LA LETTRE

*DU CI-DEVANT*

## ARCHEVÊQUE DE TOURS,

*ADRESSÉE*

## AU DIRECTOIRE DU DISTRICT

*de cette Ville, relativement au Serment prescrit par la Loi du 26 Déc. 1790.*

### A TOURS,

De l'Imprimerie de CHARLES BILLAULT,
Imprimeur des Amis de la Constitution.

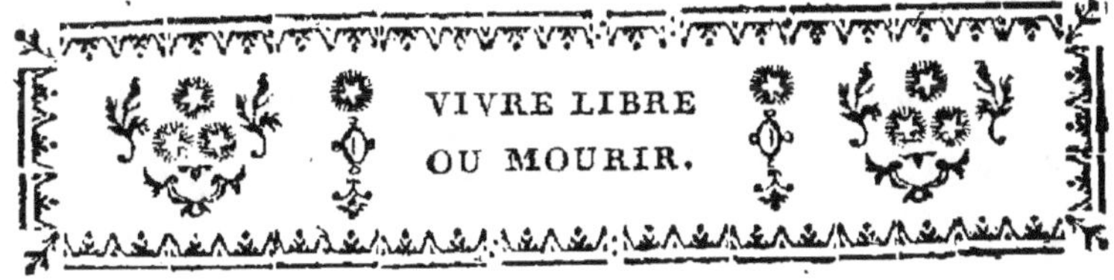


# LETTRE

## DE M. CONZIÉ.

Des Eaux d'Aix-la-Chapelle,
le 11 Fév. 1791.

*MESSIEURS,*

*RETENU hors du Royaume, avec un congé de l'Assemblée Nationale, par les soins qu'exige ma santé, je viens de recevoir une lettre que vous avez adressée, le 25 du mois dernier, à l'Evêque du Département d'Indre & Loire; & je m'empresse d'y répondre, sans m'arrêter à la nouvelle dénomination que vous m'attribuez. Je la reconnois dans le sens où mon titre le plus précieux est celui d'Evêque, & où le plus grand nombre des Paroisses comprises dans la nouvelle circonscription de ce Département, forme le Diocese dont l'Église m'a confié la direction.*

*Vous m'invitez, Messieurs, à concourir avec vous* à une nouvelle formation & circonscription des Paroisses de la ville de Tours, & de celles du District, *conformément à l'Article VI du Titre I du Décret de l'Assemblée Nationale pour la Constitution civile du Clergé.*

## PARAGRAPHE PREMIER.

*Si cette Constitution, prétendue civile, se bornoit, comme on ne cesse de le répéter, pour induire en erreur les Fideles, à de nouvelles démarcations de Métropoles, de Dioceses & de Paroisses, sans doute, en respectant & observant les formes établies, je me serois porté avec zele à concourir en ce qui pouvoit dépendre de mon autorité, au succès de vos vues, pour le plus grand bien. Mais on ne peut se le dissimuler, le refus persévérant de suivre ces formes si sagement prescrites, de recourir au Saint Siege, & même de consentir à la convocation d'un Concile National, moyen si vivement sollicité par l'Église de France, si canonique, si conforme au voeu des saints Canons, & aux maximes du Royaume, prouvent le dessein formé d'établir la suprématie du pouvoir civil sur le ministere de l'Église.*

# RÉFUTATION.

## PARAGRAPHE PREMIER.

Le seul objet de cet écrit est de vouloir prouver que la Religion Catholique est inconciliable avec *la Constitution civile du Clergé*. C'est à ce but qu'il se rapporte, soit directement par un enchaînement de traditions supposées, soit indirectement, par les sophismes d'une Théologie arbitraire & inconséquente qui donne le change sur le fond de la question même.

Les Évêques de France, comme tous les autres Fideles, ne peuvent avoir à suivre, en matiere de Religion que deux régles de foi, qui n'en font qu'une, la raison & l'Évangile. (*) Or, la seconde est d'autant plus immuable, qu'elle ne se fonde que sur la premiere. Admettent-ils l'Évangile en entier, ou ne voudroient-ils l'admettre qu'en partie ? mais si la parole de Dieu commande une foi absolue, on ne peut l'adopter dans un sens, & la récuser dans un autre. Toute restriction est une apostasie ; car sur quoi fonderoient-ils leurs distinctions ou leurs réserves, & quelle confiance pourroit - on ajouter à des Disciples qui, composant avec leur Maître, choisiroient dans sa doctrine ce qu'il leur plairoit d'admettre, & désavoueroient ce qu'ils voudroient en rejetter ?

_________________

(*) A la vérité, les Catholiques reconnoissent encore pour régle de foi la Tradition consignée dans les décisions des Conciles œcuméniques, & qui dépose en faveur des vérités qui font partie des dogmes que J. C. a annoncés aux hommes. Car la Tradition n'est autre chose que les vérités qui ne sont point contenues dans l'Évangile, mais qui ont été annoncées par les Apôtres & les premiers Disciples, qui les tenoient de J. C. lui-même.

J. C. fut lui-même le premier Apôtre de l'obéissance aux loix temporelles, en séparant le code religieux de la législation civile. C'est ainsi qu'en donnant l'Évangile à l'univers, il ne fit qu'établir en pratique une théorie conforme à la nature de l'homme, & qu'il avoit inscrite, dans le cœur du genre humain.

Bien loin d'attaquer les vrais principes de la Religion Chrétienne, la Constitution les affermit de tout son pouvoir. Ce qu'elle attaque, ce qu'elle détruit, ce qu'elle devoit détruire, c'est le despotisme épiscopal, qui sembloit avoir étouffé, presque par-tout, le germe des vertus. Ce qu'elle établit à la place, c'est cette égalité, cette bienveillance universelle, qui découlent nécessairement du culte de l'Être Suprême, qui mettent l'harmonie entre le ciel & la terre, & qui sont le chef-d'œuvre des Législations.

Que signifieroit ce mot de *Constitution civile*, s'il n'y avoit dans ce titre même de la loi, une autre puissance sous-entendue? ne renferme-t-il pas l'aveu formel que le Corps Législatif ne peut avoir aucune autorité sur le dogme, & que pourvu qu'on soit fidele aux loix établies par l'état social dans ce monde, ce n'est point à lui de prononcer sur ce qu'on deviendra dans l'autre, où il n'a aucune inspection.

Mais toute Législation qui n'intéresse pas directement, immédiatement & uniquement la foi & la doctrine, est nécessairement soumise à l'autorité temporelle, & c'est à elle seule qu'il appartient de décider.

La foi, le dogme & la doctrine sont donc les élémens qui déterminent & constituent la puissance spirituelle. Telle est la seule jurisdiction que le Fondateur du Christianisme a donnée à ses Apôtres.

Toutes les concessions d'autorité que les Rois de la
Terre ont pu faire depuis à l'Église & à ses Ministres,
ne sont point essencielles à la Religion, qui a toujours
existé avec gloire avant elles. Cette autorité née des arti-
fices de la Cour de Rome, étrangere au Catholicisme,
si contraire à l'esprit & à la discipline des premiers
siecles de l'Église, a été une source intarrissable d'abus,
de scandale & d'usurpations, qui n'ont contribué qu'à
faire vieillir le monde, dans l'enfance même de ses préjugés & de ses plus absurdes superstitions.

La jurisdiction de l'Église, ramenée à son terme pri-
mitif, & telle qu'elle a été conférée par J. C. même,
ne peut donc être considérée comme une puissance d'une
autre espece que celle qui appartenoit aux Apôtres ;
or, les Évêques peuvent-ils ignorer, qu'étant successeurs
des Apôtres, ils n'ont aussi succédé qu'aux mêmes droits &
à la même puissance, & que le caractere épiscopal étant
le même dans tous ceux qui y participent, il ne peut
donner à chacun d'eux, d'autre autorité que celle
transmise par J. C. même.

Mais à quoi se réduit cette puissance, dit l'Abbé de
Fleury, ( *Discours sur l'histoire Ecclésiastique*, ) à
l'instruction & à l'administration des Sacremens ; au
seul enseignement de la doctrine, qui comprend les mys-
teres & la régle des mœurs Chrétiennes.

Si donc la Constitution du clergé ne touche en rien à
ce qui concerne le dogme & la doctrine, elle n'est plus
alors qu'une institution purement civile, qu'une détermination des rapports qui doivent être établis entre la Société & les Ministres du culte.

Tout esprit droit qui s'attache aux principes d'une saine
logique, tout homme même, qui dans la simplicité de

son cœur ne veut apprendre & ne cherche à savoir que ce qui importe à sa conduite, est évidemment convaincu que la Constitution du Clergé ne porte aucune atteinte aux fonctions du Sacerdoce qui, par son essence, détaché du régime social, doit se renfermer dans le cercle de ses droits spirituels, en se dépouillant de toute correspondance & de toute relation avec le régime de l'Empire.

Le nouvel ordre exigeoit la détermination des rapports des Ministres du culte considérés dans l'État comme Citoyens & Fonctionnaires publics : or tout Fonctionnaire public étant institué pour l'utilité du peuple, c'est à la loi civile à prononcer sur le mode & la forme qui doivent régler les élections. C'est le Peuple qui doit les faire, parce qu'il doit conserver tous les droits qu'il peut exercer avec utilité, & tout système qui tendroit à altérer ce principe, seroit une trahison à ses intérêts. Ainsi, dès qu'il est évidemment prouvé que la Constitution n'affecte ni le Dogme, ni la Doctrine, la convocation d'un Concile seroit superflue, seroit même dangereuse.

## I I.

*Entre le gouvernement temporel & le pouvoir spirituel, il existe une ligne immuable de séparation, fixée par le fondateur même du Christianisme ; elle trace mon devoir & la regle de ma conduite.*

## I I.

J. C. l'a fixée cette ligne immuable de séparation, pas ces paroles mémorables, si propres à élever l'ame, à donner une base à la vérité, & à nous garantir d'une théologie qui, par ses contradictions ou ses subtilités, nous apprend, par cela-même à nous en défier. *Mon royaume n'est pas de ce monde*, disoit J. C. à ses Disciples. Mais c'est en cherchant à régner sur la terre, c'est en voulant usurper adroitement l'autorité qu'ils feignent de respecter dans leur foiblesse, que les Prélats Chrétiens ont successivement établi ce système qui fit de l'État deux parties séparées, qui rendit toute bonne police impossible, & qui formant un conflit perpétuel de juris-diction, laissa les Peuples dans une dangereuse incerti-tude, & hors d'état de savoir auquel du Souverain ou du Prêtre ils devoient obéir.

## III.

*Si dans l'ordre temporel je dois, comme citoyen, donner l'exemple de la soumission aux loix, & à la puissance qui les maintient; dans l'ordre spirituel, & comme Évêque, je vois les regles que Dieu m'a prescrites. Sous le rapport de la religion, tout ce qui ne vient pas de lui ou des dépositaires légitimes de son autorité, ne peut commander mon obéissance.*

*Les bornes de la réponse que j'ai l'honneur de vous adresser ne me permettent pas d'approfondir, quant à présent, une matiere aussi importante. D'ailleurs, je la vois suffisamment traitée dans l'exposition des principes, souscrite par mes Collegues, Membres de l'Assemblée Nationale, à laquelle je me suis empressé d'adhérer, ainsi que dans l'instruc-*

*tion pastorale de M. l'Évêque de Boulogne, en date du 24 Octobre de l'année derniere, que je crois devoir adopter & vous envoyer; vous y trouverez le développement & les preuves des vérités opposées aux erreurs principales d'une constitution dénommée faussement civile, puisqu'elle anéantiroit réellement la constitution spirituelle & divine de l'Église.*

## III.

Vous ne pouvez être d'accord avec les régles que vous devez suivre, comme Citoyen d'un État Chrétien, que vous ne le soyez encore avec les régles que Dieu vous a prescrites. Eh ! quelles seroient les régles dont nous n'aurions pas comme vous la connoissance ? auriez-vous une intelligence, une raison supérieure à la nôtre pour découvrir ce qui seroit pour nous un mystere ?

Tout ce qui nous est nécessaire à savoir pour être Chrétiens & Catholiques, se trouve renfermé dans l'É-vangile & dans l'enseignement constant & universel de l'Église : or, vous ne réussirez jamais à nous démontrer que la *Constitution civile du Clergé* touche aux dogmes précieux que nous faisons profession de croire. La Religion que vous invoquez, dégagée de ce que vous mettez à la place de sa Loi, ira toute entiere à son but, qui est la pratique de nos devoirs envers Dieu & envers les hommes.

La premiere des maximes du Fondateur du Christianisme fut de se soumettre à l'autorité civile. César,

usurpateur

usurpateur de l'Empire Romain, usurpateur de la Judée : ne fut-il pas reconnu par J. C. même, comme l'unique maître de l'ordre civil de ses États ?

Or, la partition des dioceses étant une opération purement géographique, est entiérement du ressort de la puissance temporelle. Vouloir établir la *spiritualité* des surfaces, c'est le comble de l'absurdité.

Si vous respectez l'Évangile comme livre sacré, comme la parole & la vie de Jesus - Christ De quel poids pourroit être une autre autorité qui n'auroit pas ce caractere ? Tout ce qui dérive des Conciles qui, en matiere de discipline, ne sont que l'ouvrage des hommes, porte-t-il un caractere d'infaillibilité, hors de l'atteinte humaine ? Les erreurs des plus grands hommes qui ont immortalisé les fastes de l'Église Chrétienne, ne nous prouvent-elles pas que la doctrine de ces Peres n'a pas toujours été la doctrine du Christianisme ?

## I V.

« *Les Conciles, les Sts. Peres, l'Orient &* » *l'Occident unis ensemble* », *dit M. Bossuet, ont décidé que non-seulement le Pape est le centre de l'unité, & qu'il a de droit divin, dans l'Église universelle, une primauté d'honneur; mais qu'il doit aussi y jouir d'une vraie primauté de juridiction.*

*La Constitution réduit cette primauté à une distinction vaine & illusoire, à une lettre de communion que les nouveaux Evêques adresseront au Souverain Pontife. Le titre de Chef de l'Eglise est conservé; mais on le rend nul & sans exercice : il devient étranger à cette même Eglise dont il est reconnu le Chef.*

## I V.

L'assemblée Nationale de France a décidé sur ce sujet, comme les SS. Peres & les Conciles, puisqu'elle a reconnu dans la personne du Pontife Romain, le Chef visible de l'Église, dont la suprématie n'est qu'une primauté extérieure, & dont l'institution ne peut avoir pour but qu'un centre d'unité de foi, qu'un point de ralliement pour la Communion, qui doit être entretenue avec lui. Telle est l'opinion de Bossuet, qu'il est important de ne pas dénaturer

A l'égard de la primauté de jurisdiction, celle de l'Évêque de Rome ne peut être d'une autre nature que celle de l'Épiscopat, qui, par son institution, ne sauroit connoître d'autres limites dans l'ordre spirituel, que celles de l'univers entier. Et c'est sur ce principe, que reposent les libertés de l'Église Gallicane.

Dans l'auguste simplicité du Christianisme, jamais J. C. ne donna de prééminence à un Apôtre sur un autre Apôtre. Avant que le Concile de Nicée eût introduit la suprématie du Pape en matiere de jurisdiction, il se formoit des assemblées d'Évêques, qui avoient une jurisdiction supérieure, à la vérité, sur celle de chaque Évêque en particulier ; mais ce n'étoit pas le despotisme d'un seul homme ; ce n'étoit pas un Prélat supérieur qui prononçoit les décisions, mais des assemblées d'Évêques, présidées par celui d'entr'eux qui réunissoit le plus de suffrages. *Visum est nobis & senioribus.*

Et c'est ce despotisme sacerdotal qui de nos jours corrompoit la Religion, jusques dans ses plus intimes élémens, que la Nation Françoise vient de renverser ; car un peuple qui a deux chaînes ne peut rompre la premiere sans briser l'autre, qui lui rendroit funeste une partie de la liberté qu'il auroit conquise ; il se sert de la main qu'il a libre, pour délier celle qui ne l'est pas.

Un Évêque, par son caractere, ne peut être que le censeur des mœurs, que l'Apôtre de la Religion; dès qu'il exerce une autre magistrature, il peut devenir dangereux. Pourquoi cette classe d'hommes même qu'on suppose exempts de passions, par le respect qui les environne, seroient-ils si sensibles aux distinctions qu'on ne connoît plus, aux titres qu'on a relégués? où seroit donc la paix, si, quand l'égalité est rétablie parmi les hommes, elle ne se trouvoit pas aussi consacrée aux pieds des autels?

*La Constitution civile du Clergé* nous ramene à l'ordre primitivement établi, en instituant par l'art. 3 du tit. Ier. un nombre déterminé de Métropolitains, & en prononçant par l'art. XIV que les Vicaires des Églises Cathédrales formeront le conseil habituel & permanent de l'Évêque, sans qu'il puisse faire aucun acte de jurisdiction, qu'après en avoir délibéré avec eux.

Et c'est ainsi que dans les premiers siécles, l'Évêque avoit auprès de lui les Prêtres, les Diacres & tous les autres Officiers nécessaires pour le service de son église; ils formoient son premier conseil, & l'Évêque ne pouvoit rien décider sans son avis, quelquefois même sans l'avis du peuple, quand les matieres étoient importantes.

Cette réforme dans la jurisdiction ecclésiastique ne tient point au dogme & à la doctrine, elle est de pure discipline. Il n'est pas une page de l'histoire ecclésiastique ancienne qui ne resolve entiérement cette question de droit, sur laquelle les Évêques prétendent établir aujourd'hui leur absurde système.

Et remarquez bien que ceux-mêmes qui, pour consacrer tant d'abus vouloient faire du Catholicisme une Religion nationale, & l'introduire comme dominante dans le systême de la législation, l'on détachoient par cela même qu'ils lui donnoient un ressort étranger, anti-constitutionnel ; puisqu'ils prétendoient en même temps assujettir le Corps politique à deux gouvernemens différens, à deux mobiles tout-à-fait contraires qui compliquoient les mouvemens de la machine, & coupoient le nœud du corps social.

Mais que pouvoient faire nos Législateurs dans cette alternative ; c'étoit, 1º. de reconnoître, ainsi qu'ils l'ont fait, une Religion qui, par la pureté de sa morale & de son culte, est la perfection de l'institution sociale ; c'est en cela seul que le Christianisme peut être sain & utile à l'État, dès lors qu'il n'y est admis que comme sentiment & croyance. 2º. C'étoit de séparer du dogme, tout ce qui regarde l'obéissance aux loix positives & aux devoirs du Citoyen ; c'est en ce point unique que la Religion rentre sous la jurisdiction temporelle. Mais comme loi politique, la jurisdiction ultramontaine auroit, tôt ou tard renversé la constitution. Notre Code une fois établi, la sûreté de l'édifice exigeoit qu'on trouvât par la suite autant d'obstacles pour y toucher, qu'il a fallu d'abord de difficultés pour en établir les fondemens.

## V.

*Suivant le Concile de Trente, les Evêques appellés à l'éminence du sacerdoce, établis juges en matière de discipline ecclésiastique, chargés du dépôt de la foi, ont une juridiction propre & spéciale ; elle ne leur est point commune avec les simples prêtres : & ceux-ci ne peuvent la partager qu'avec le libre con-*

*sentement des Evêques, hors les cas prévus par le droit, tels que la vacance des Sieges.*

*Suivant le nouveau régime de l'Eglise de France, cette juridiction est annullée dans la main des Evêques par les entraves qui y sont mises. Elle se trouve confiée dans le fait à des Conseils nécessaires & permanens, composés de Vicaires, dont même le choix seroit forcé. Les actes qui en émaneroient seroient soumis à des Synodes diocésains ou métropolitains, dans lesquels les Evêques n'auroient qu'un vain honneur de présidence, puisque leur suffrage seroit rigoureusement soumis à la regle de la pluralité, ce qui établiroit dans l'Eglise ce gouvernement presbytérien qu'elle a constamment réprouvé.*

## V

Si le Concile de Trente a consacré le despotisme dont s'est environné jusqu'à nos jours l'épiscopat, les Fideles qui composent l'Église, n'ont-ils pas le droit légitime de le renverser ? est-ce donc l'éminence du poste qui constitue l'éminence du Sacerdoce ? eh ! quel seroit ce caractere qui perdroit son existence au-delà d'une circonférence donnée dans l'exercice des fonctions apostoliques.

C'est dans le Sacerdoce, dites-vous, que réside la puissance législative de l'Église, mais cette puissance s'étend, sur les simples Fideles, comme sur ceux mêmes qui les gouvernent. Ainsi les prêtres jugent ceux qui ne le sont pas, & se jugent entr'eux.

Si donc, vous considérez l'Église comme gouvernement dans l'ordre spirituel, nous pensons avec vous, qu'il doit exister dans le Sacerdoce, différens dégrés de subordination; & c'est cette hiérarchie même que la Constitution conserve par l'art 3 & l'art. 14.

Si le pouvoir que J. C. a conféré à ses Apôtres, dont les Évêques sont les successeurs, est renfermé dans ce texte, *Accipite Spiritum Sanctum ; quorum remiseritis peccata remittuntur eis, quorum retinueritis retenta sunt*, la Religion Chrétienne n'a donc rien changé aux droits naturels des peuples. Quelqu'éminent, quelque sacré que soit le caractere de ses Ministres, ceux qui le recoivent ne cessent point d'être Citoyens de l'État.

Or, comme Citoyens, ils ont des loix à suivre, & dès qu'ils s'en écartent, il faut les y soumettre ; car l'abus de leur autorité, comme Ministres de la Religion, seroit bien plus propre à affoiblir leur caractere, qu'à le faire respecter dans l'esprit des peuples.

Ainsi, plus la dignité du Sacerdoce est éminente, plus il convient à l'État de le surveiller, plus il doit le renfermer dans l'ordre & la subordination établie par les Loix.

De semblables différends ne s'éleverent jamais dans les premiers âges de l'Église. Les Apôtres étoient trop près de leur institution primitive, pour en avoir oublié les limites.

Mais leurs Successeurs, assis au milieu des vices & des richesses, & à l'ombre de cette féodalité, qui soutenue par le Clergé, enchaîna l'Europe entiere des dou-

bles liens de la superstition & de la politique, s'approche-
rent du trône des Rois, devinrent des Seigneurs temporels. A ce titre, ils furent admis aux assemblées dans
lesquelles se régloient les affaires les plus importantes
de l'État ; & ce fut ainsi qu'ils prirent cette influence
que leur donnoit la double qualité de Princes de l'É-
glise, & de Princes de l'Empire.

Une premiere usurpation ouvrit la porte à toutes les
autres, & ce ne fut qu'à la crédule piété de nos Rois,
qu'ils durent une jurisdiction proscrite par J. C. même.
Les entreprises de l'épiscopat furent si rapides, que
dans le septieme siécle, nos Rois parurent reconnoître
un prétendu pouvoir de l'Église, sur l'autorité temporelle, & l'accroissement de ce pouvoir fut porté à son
comble par l'intervention des fausses décrétales, publiées
dans le huitieme siécle, sous le nom d'*Isidore de Séville.*

Quoi ! ce seroit à cette époque où l'esprit humain reconnoît évidemment les abus de l'Église, où la raison a
consacré les droits du peuple, où l'humanité flétrie a
relevé sa tête, où le Gouvernement si long-temps coupable, repare enfin ses crimes ; que d'autres oppresseurs
voudroient reforger leurs chaînes ! ce seroit à cette époque où tout autre pouvoir que celui de la Loi est anéanti,
que les fraudes de l'ambition épiscopale voudroient se couvrir
d'un voile sacré, pour déployer avec plus de hardiesse,
leur caractere contre la chose publique ; qu'au nom d'un
Dieu de paix, qui prêcha le premier la liberté & l'égalité parmi les hommes, les Évêques de France prétendroient s'établir les arbitres entre l'Autel & l'État !
Ils nous parlent de conscience, & c'est leur conscience
même qui les accuse.... Ils invoquent la Religion ; mais
n'avons - nous pas donné des preuves complettes &

nombreuses de notre profonde adhésion à tous les
principes de cette Religion sainte ; tous les Décrets
ne respirent-ils pas le même esprit ? Le Fondateur
de cette Religion n'a - t - il pas consacré lui - même
une législation établie sur les droits imprescriptibles
de l'homme ? Ils s'autorisent de leurs conciles , & tous ces
Conciles offrent autant de textes contraires... ils nous citent
des autorités , & nous , nous n'en connoissons qu'une ,
celle de Dieu , qui parle à tous les hommes ensemble.
Ils nous opposent une suprématie ; & nous , avec douze
siécles d'antiquité & des millions d'hommes prêts à verser
leur sang pour conserver leur conquête , nous ne vou-
lons reconnoître d'autre souveraineté que celle du Peuple
François.

## V I.

*Le même Concile prononce anathême contre
les Ministres de la Religion qui oseroient
s'ingérer dans les fonctions pastorales , sans
une mission émanée de la puissance ecclésiastique & canonique ; il les déclare des usurpateurs qui envahissent les droits des Pasteurs
légitimes.* Non ecclesiæ membra , sed fures &
latrones habendi sunt.

*Suivant la nouvelle organisation, les Evêques
& les Curés sont choisis dans une forme contraire aux regles anciennes , où le peuple étoit
seulement consulté , & où le droit de prononcer
étoit réservé aux Evêques: on y établit des
élections dans lesquelles aucun membre du
Clergé*

*Clergé n'auroit de droit, ni prépondérance, ni même de concours, tandis que des hérétiques, des infideles, pourroient déterminer le choix des Ministres d'une religion dont ils seroient les ennemis. L'institution forcée qui seroit conférée à ces élus, par des Métropolitains ou autres prétendus Supérieurs, qui n'auroient eux-mêmes reçu de pouvoir que de la puissance civile, ne pourroit les soustraire aux peines portées par l'Eglise, tant contre l'institué que contre le prévaricateur qui lui auroit attribué une mission irréguliere.*

## V I.

Et quels sont donc ces Ministres qui, dans votre système, veulent s'ingérer dans les fonctions pastorales, sans une mission émanée de la puissance ecclésiastique? Leur caractere de ministre & de pasteur des Fideles, seroit-il donc aujourd'hui d'une autre nature que celui que J. C. a institué? N'est-il pas indélébile, inaltérable dans son essence même, ne leur a-t-il pas été conféré par la même puissance de laquelle vous tenez la vôtre? Quoi! le serment de maintenir la Constitution de l'État, & d'être fidele à la loi dénatureroit-il ce titre, quand c'est ce serment même qui le rend plus saint, plus respectable, puisqu'il devient par-là si salutaire par la force & la continuité de ses habitudes, & par son ascendant sur les mœurs, & sur l'opinion publique.

Vous ne prêchez pas, dites-vous, une nouvelle doctrine? Eh! que faites - vous donc, en nous parlant, au nom

C

de Dieu , tout autrement qu'il n'a fait [1] ? Quel titre avez-vous , pour soumettre ainsi le jugement d'une Nation entiere , à votre opinion particuliere ? Quelle insupportable suffisance de prétendre avoir seuls raison contre tous, sans vouloir laisser dans leur sentiment , ceux qui ne sont pas du vôtre ? Prétendez-vous exercer sur la terre l'autorité des Prophetes ? ou seriez-vous des êtres privilégiés , pour nous persuader que vous avez seuls la science de la vérité en partage ? Quoi ! sur une opinion soutenue de quelque centaines d'hommes , vous anathématisez , vous excommuniez vos semblables , qui ne sont vos adversaires , que parce qu'ils ont juré d'être fideles à l'État. Quand nous avons pour exemple & pour modele des vertus chrétiennes , tant de Pasteurs vénérables , qui font la plus saine partie du Clergé , nous ne croirons jamais que la malédiction de l'une soit à la disposition de l'autre.

Les Evêques de France prétendroient-ils que leur résistance au serment est dans l'impulsion d'une conscience droite ?... mais le décret leur fait-il contrainte ? L'Assemblée Nationale a-t-elle fait du serment une loi impérative ? elle reconnoît que son pouvoir ne peut s'étendre sur l'opinion ; elle laisse les consciences libres ; elle salarie les démissionnaires. Le rébelle qu'elle punit , c'est celui qui , malgré son refus de prêter le serment , est réfractaire à la loi de l'État , en voulant continuer d'exercer les fonctions publiques ; c'est celui qui distribue des Mandemens dangereux , qui séduit les Pasteurs , & qui , abusant de son caractere , se coalise & médite le dessein punissable d'égarer le jugement du peuple. Le décret du 26 Novembre

______

(1) *Non misit Deus Filium suum in mundum , ut judicet mundum , sed ut mundus salvetur per ipsum.* Joan. 3, 17.

n'est donc pas, comme le prétendent les Évêques, une loi de colere, mais une loi de justice, puisque le seul acte qu'elle condamne est celui de l'intolérance & de la rébellion qu'ils manifestent ouvertement. Cette opposition générale ne prouve cependant autre chose, sinon qu'ils suivent bien plus leurs passions que leur conscience.

J. C. a dit à tous les hommes : *soyez pacifiques, soyez freres, unissez-vous dans l'amour de votre commun maître, dans la pratique des vertus qu'il vous a prescrit.* Les Evêques de France ont-ils rempli ce précepte ? ont-ils étouffé le fanatisme qui, dans les révolutions des Empires, est le plus terrible fléau du genre humain ? ont-ils arrêté la superstition qui abrutit les ames simples, persécute la sagesse, & enchaîne la liberté des nations ? De tous les Mandemens, de toutes les Instructions prétendues pastorales, qu'ils ont répandues avec tant de profusion, en est-il une seule qui n'ait été nuisible, ou par elle-même, ou par ses inévitables effets ?

Sous l'apparence de servir la religion publique, ils rassemblent tout ce qui peut en ébranler les fondemens. Ils éloignent avec art les articles de doctrine qu'ils trouvent contraires à leur opinion, pour y susbtituer des décisions humaines qui peuvent étayer leur système, & dont ils font autant d'articles de foi. Tels sont ces hommes qui se disant les apôtres de la vérité, qui dénonçant comme *intrus,* comme ministres *prévaricateurs,* ceux que le choix du peuple appelle au ministere, crient contre eux à l'anathême, à l'impiété !

Eh ! Messieurs, tenez-vous de votre caractere le droit de troubler la paix de l'Église & la tranquillité publique ? La constitution du Clergé, dites-vous, est attentatoire aux principes du catholicisme ; mais pour prononcer sur cette Constitution, commencez donc par nous découvrir ces principes auxquels elle porte atteinte.

Qu'appercevons-nous dans cette Constitution ? les choses les plus nouvelles pour un siecle où tout étoit corrompu, jusques dans sa source; mais nul changement, nulle innovation dans le culte & dans la doctrine : de grands abus détruits, de grandes vanités proscrites, un luxe scandaleux renversé ; à la place une institution qui consacre l'ancienne disciṗine, & ramene les Fideles de la voie de perdition où vos égaremens & vos mœurs dépravées les avoient conduits.

Vous nous objectez que les *hérétiques & les infideles pourront déterminer le choix des ministres d'une religion dont ils seroient les ennemis.*

D'abord, il faudroit supposer qu'il y eût en France beaucoup plus d'infideles & d'hérétiques, que de chrétiens, pour que leur influence fût sensible. Ah ! Messieurs, l'hérésie ne fut jamais que l'abus du savoir. Faites-nous pratiquer la religion dans sa simplicité primitive, vous ne trouverez plus d'infideles, & tous les hommes seront vos prosélytes.

Mais dans la supposition même qu'il se trouvât, dans nos assemblées électorales, de ces hommes que vous appellez *infideles ou hérétiques*, leurs suffrages pourroient-ils se porter sur d'autres prêtres que ceux que la loi a désignés, & dont l'éligibilité est déterminée par les art. 7 & 34 du titre 2 de la Constitution.

Suivant l'art. 36, l'Evêque n'a-t-il pas la faculté d'examiner l'élu, en présence de son conseil, sur sa doctrine & ses mœurs, & de ne lui conférer l'institution canonique, que lorsqu'il en aura été jugé digne? Que tient donc le prêtre pasteur de ses concitoyens ? rien autre chose que le territoire. Quant au pouvoir, il le tient

de son ordination & de l'institution canonique; cet objet
de discipline, en changeant de mode, n'a pas changé
de nature: car l'institution canonique n'est encore aujour-
d'hui que ce qu'elle étoit dans les premiers tems, la déclaration de la validité des titres du postulant, & son
inscription nominale dans la matricule de l'Eglise, en lui
désignant les fideles confiés à sa sollicitude.

Voyez combien vous êtes injustes dans votre ptéten-
tion, & peu conséquents dans vos raisonemens! Comment
la Constitution du Clergé pourroit-elle attaquer les principes du catholicisme, lorsqu'au contraire ce sont ces principes qu'elle soutient avec le plus de force, lorsque de
cette religion même elle prend un caractere plus auguste,
en liant la destinée du christianisme à celle de l'empire?

## V I I.

*Le Concile de Calcédoine a décidé que
l'intervention de l'Eglise est nécessaire pour
supprimer, créer, augmenter & restreindre
les diocèses, & que la circonscription de leurs
limites ne doit subsister que jusqu'à ce qu'elle
ait prononcé.*

*Cependant, d'après la nouvelle constitution,
l'ordre de toute juridiction est renversé; des
Métropoles sont anéanties, des anciens Evê-
chés sont supprimés, des nouveaux sont érigés,
des paroisses sont transférées d'un Diocèse à
un autre, sans aucune forme canonique, sans
aucun concours de l'autorité de l'Eglise. L'avis
de l'Evêque sera requis, mais il n'est pas*

*même réputé nécessaire : ainsi l'autorité civile transportera , divisera , attribuera seule la juridiction spirituelle.*

## V I I.

Ne commentez pas les textes , ne défigurez pas les canons. Le Concile de Calcédoine démontre évidemment que là où finit le pouvoir de l'Eglise ou de l'épiscopat ecclésiastique, là commence celui de l'épiscopat temporel & civil qni ne peut être exercé que par le Législateur. Eh ! quand le Concile, que vous invoquez, ne prouveroit pas contre vous même, nous aurions pour nous les principes incontestables du droit naturel, les oracles infaillibles de J. C. , l'usage constant des premiers siecles de l'Eglise.

Quand une religion est tellement incorporée à l'État, que ses solemnités , ses formes & son culte font partie de l'ordre civil & politique , il faut bien empêcher qu'un ministere qui, dans son principe & son essence, ne peut avoir aucunes limites , en reçoive dans l'exercice extérieur de ses fonctions. Sans cela, l'ordre seroit continuellement troublé ; car chaque ministre , par l'effet de son caractere, pouvant également opérer par-tout, aucun n'auroit pu librement agir nulle part. C'est ainsi que le citoyen d'un état libre , considéré privativement, seroit par-tout esclave, si, pactisant avec ses freres, il n'eût échangé la faculté d'user d'une partie de ses droits, pour une liberté indéfinie qu'il n'auroit pu jamais réaliser.

Il a donc fallu assigner à chaque Prêtre , à chaque Evêque , un territoire particulier pour le libre exercice de ses fonctions , mais cette assignation de territoire n'étant pas l'impartition *du pouvoir d'enseigner, du pouvoir de lier ou de délier ,* n'affecte en rien la puissance spirituelle ; (1) ce n'est absolument qu'un acte de police ; & il est bien évident que dès que la mission épiscopale ou pastorale est illimitée, (2) il importe peu que le territoire sur lequel elle s'étend, soit plus ou moins vaste. Le Ministre pour qui ce cercle est tracé, a toujours cette juridiction qui le constitue pasteur, le pouvoir de l'instruction, le pouvoir du sacrifice, le pouvoir de cette administration indéfinie qui lui fut confié lorsqu'il fut ordonné prêtre.

---

( 1 ) Nulle autorité dans ce monde n'a droit, sans doute, d'abuser de son pouvoir. Mais comme l'autorité ne peut jamais justifier l'abus qui vient de l'homme, l'abus, à son tour, ne sauroit jamais détruire l'autorité du peuple qui a été établie par Dieu même. Il ne faut donc pas confondre la discipline intérieure de l'Eglise qui est uniquement de son ressort, avec cette police extérieure qui, liée à l'administration sociale, dépend de l'autorité civile.

Dans les premiers tems de l'établissement du christianisme, l'arrondissement des dioceses fut toujours mesuré sur les circonscriptions civiles, & les divisions géographiques du territoire. La ville de Nicée fut érigée n Métropole par l'Empereur *Valentinien*, & celle de Calcédoine par *Marcien*.

Le Concile tenu en cette Ville reconnoît la légitimité de ces actes, en ordonnant ( Canon 17 ) que les Eglises suivront les circonscriptions civiles. Mais rien de plus précis sur cet objet, que ce Canon qu'on trouve dans le corps de ceux de l'Eglise greque. *Licitum est Imperatori de ecclesiasticarum Provinciarum finibus definire, & aliquarum privilegia auferre, & episcopales urbes iterùm Metropolium honore donare, & alia hujusmodi facere.* L'abbe Concil., tit. II, pag. 125 Confér. théol. par M. Barthe.

( 2 ) *Et misit illos prædicare regnum Dei, & sanare infirmos . . . egressi autem, circuibant per castella evangelizantes & curantes ubique.* Luc, IX , 1 , 2 , 6.

Ce qui constitue les erreurs des Evêques de France sur cette matiere, c'est qu'ils ne s'arrêtent aveuglément qu'à cette autorité usurpée par laquelle ils ont exercé si long-tems cette police, sans considérer l'autorité légitime, médiate & suprême qui en étoit la source.

Si les Souverains n'ont ordinairement exercé leur Épiscopat civil que par le ministere même des Evêques, c'est parce qu'ils les jugeoient capables de régler à cet égard ce qui convenoit aux peuples; ( & c'est dans cet esprit que la Constitution les appelle pour concourir à la circonscription des paroisses ). Mais cette autorité ne leur étoit déléguée que comme Ministres du Souverain temporel, comme ses Conseillers ou les dépositaires de ses droits, & ce n'est qu'en cette qualité seule qu'ils ont pu exercer une juridiction extérieure & territoriale.

Que l'on substitue à ces idées qui découlent si naturellement du droit des nations, celles que la vaine ambition de nos Prélats s'efforce de mettre à la place, bientôt la jalousie se fera séntir entre le Sacerdoce & l'Empire. De la jalousie naîtront les inquiétudes & les défiances; de la défiance, les entreprises; des entreprises, le trouble, la discorde, & le renouvellement de ces guerres de religion qui teignent encore du sang humain les pages de notre histoire.

Les Evêques seroient-ils donc résolus à nous faire courir les hazards de ce choc terrible, pour de vaines prétentions que les illusions de l'ambition leur ont rendu si cheres, & qu'ils ont voulu comme sanctifier par de fausses vues de religion?

Pontifes, qu'un coupable intérêt anime! gardez-vous de vous compromettre aux yeux d'un peuple qui n'est plus environné de cet appareil de superstition qui servit

si long-tems

si long-tems d'otage à la tirannie ; sa liberté est entiere. C'est le seul but de ses travaux , de son courage & de ses sacrifices.

Savez-vous que votre résistance , votre opiniâtreté à soutenir que la religion que nous professons est inconciliable avec notre Constitution , est peut-être la sentence de proscription la plus alarmante , qui jamais ait été prononcée contre elle.

S'il étoit vrái que le christianisme fût inconciliable , comme vous le dites , avec la Constitution que nous nous sommes donnée , il seroit démontré , par cela seul, que cette religion n'est pas celle de l'Evangile. Mais l'Evangile qui se concilie avec toutes les loix , qui connoît , respecte & consacre tous les pouvoirs , qui n'a rien d'exclusif, rien de local , qui dans son principe est universel , doit nécessairement s'accorder avec une Constitution qui semble avoir pris pour base les plus pures maximes du christianisme. Au reste, qu'il y ait plus ou moins d'analogie entre cette Constitution & la Doctrine de l'Evangile , l'ordre civil & politique de l'Etat est absolument étranger à la puissance spirituelle des Pasteurs. Jamais, ni J. C., ni les Apôtres ne se sont mêlés du Gouvernement des peuples : contents de prêcher par-tout, dans les Monarchies comme dans les Républiques, l'avénement du Regne céleste, ils ont constamment subordonné l'exercice extérieur de leur mission aux loix des diverses nations qu'ils étoient chargés d'instruire. Voyez Paul à Athenes , à Corinthe , en Macédoine : dans ces Gouvernemens si différens, il est par-tout le même ; par-tout il s'honore du nom , des droits, & des devoirs de Citoyen.

D

Croyez-vous que si l'un des Césars eût dit aux Apôtres & à leurs premiers Successeurs : « j'adopte la Religion que » vous prêchez ; je mets les dépenses de son culte, & » sur-tout le salaire de ses Ministres, parmi les pre- » mieres dépenses de l'État ; je veux qu'il soit établi un » siege apostolique dans la ville capitale de chacune de » mes provinces ; mais je ne veux pas que cette Reli- » gion mette le trouble dans l'Empire ; je veux assurer » la permanence de mon autorité ; je veux que chacun » de vous avant que d'entrer en fonction, fasse le ser- » ment d'être fidele à mes loix, d'employer son ministere » à faire respecter mon trône » ; croyez-vous qu'ils eussent refusé ce serment, & que plutôt que de s'y soumettre, ils eussent exposé leur doctrine à une proscription légale, & tous les Fideles au danger de perdre la plus douce des consolations de la vie ?

Sachez vous replier vers le passé, vous élancer dans l'avenir, & ne vous arrêtez qu'après vous être mis à l'abri de tout reproche. Comparez cette Constitution civile du clergé, tant décriée, avec cet entassement d'abus, qui si long-temps ont servi de droit public dans la discipline de l'Église.

Comparez avec les élections que la loi vient de rétablir, ces résignations qui présentoient tous les caracteres de la simonie ; ces préventions, ces dévolus, ces échanges, ces indults, & toutes ces voies tortueuses qui conduisoient aux dignités, & qui n'étoient que des invasions, plus ou moins scandaleuses, des intrusions plus ou moins coupables.

Comparez avec ces salaires donnés par la nation même, ce commerce public des choses saintes, ce trafic irréligieux du plus auguste des Sacremens. ( * )Comparez cette juste proportion dans les travaux & les salaires , avec le scandale de l'opulence des titulaires sans fonctions, d'où résultoit le scandale de l'indigence des ministres utiles & laborieux.

Mettez en parallele cette attention si évangélique , de ne donner aux peuples que des Pasteurs de leur choix , avec ces nominations arbitraires qui remplissoient les dioceses d'étrangers & d'inconnus , qui laissoient sans espoir comme sans récompense , la portion saine de l'ordre ecclésiastique , luttant sans cesse contre les premiers besoins.

Comparez , sur-tout , les mouvemens & les agitations actuelles , avec les discordes & les factions que les plus légers changemens , les discussions les plus puériles , ont toujours produit dans l'Église, & que l'esprit de parti est toujours parvenu à rendre commun avec les États qui les ont vu naître. Aujourd'hui vous voyez les gens sensés rougir des querelles de leurs peres , & adopter , au moins comme usages indifférens , ou comme usages licites , ce qui , dans les temps antérieurs , bouleversa toutes les consciences , désola toutes les familles.

C'est pour cela qu'il faut vous élancer dans l'avenir ; vous y jugerez les agitations actuelles, à la même distance où vous vous trouvez pour juger les agitations que produisirent cet étrange concordat qui abolit les élections , l'inepte querelle des *Stercoranites*, l'importante dispute des appels comme d'abus, celle des libertés de l'Église Gallicane , celle des 4 articles de l'Assemblée du Clergé , où ce qui fut regardé comme une hérésie dans les 15e. & 16e. siécles, fut presque transformé en dogme de foi dans le 17e.

Pour nous qui sommes loin de ces temps , nous gémis-

________________

( 1 ) *Gratis accepistis, gratis date; nolite possidere aurum.* Math. chap . 10 , Vers. 19.

sons encore de ces monumens d'extravagance & de fanatisme. Eh bien ! dans ces siecles de fanatisme & d'extravagance, on employoit les mêmes moyens qu'on employe aujourd'hui, pour séduire les esprits & pour exalter les têtes. On affectoit des alarmes sur la perte de la Religion ; on disoit, on prêchoit qu'on ne pouvoit pas *contraindre les consciences* ; que la conscience d'un Chrétien ne pouvoit permettre ce que la loi civile ordonnoit. Mais cette conscience n'étoit que la politique des chefs de parti, l'orgueil opiniâtre des docteurs, la crédule foiblesse des hommes simples, qui n'ayant ni lumieres, ni défiance, n'osoient se décider eux-mêmes, & ne pouvoient croire qu'on voulût les tromper.

N'imitez pas vos prédécesseurs, pour qui, dans les temps de crise & de révolutions, le peuple fut toujours un instrument ; ne formez plus des plans de grandeur & de domination. Toutes vos tentatives ne sauroient être actuellement que les trames perfides d'un ennemi qui voudroit détruire sans combattre. Ce seroit dans l'ordre politique, une guerre sourde & cachée qui, fomentant au sein de l'État les funestes animosités des factions, produiroit tôt ou tard la dissolution de l'Empire, & la ruine de la liberté publique. Ce seroit dans l'ordre religieux, l'artifice d'une cabale formée sous le masque de la piété, pour plonger la France dans les horreurs d'un schisme, & mettre en mouvement tous les ressorts du trouble & de la sédition. Désabusez-vous : songez que rien ne peut échapper à notre vigilance ; songez que nous opposerons une digue insurmontable à vos passions ; songez que la loi que nous nous sommes faite, doit nous assurer la paix & l'obéissance.

N'oubliez jamais que nous avons tous juré de mourir

pour maintenir notre Conſtitution , & que la vie ſera
pour nous le moindre des sacrifices , si nous établissons
dans notre Patrie le séjour de la tolérance , des loix ,
des mœurs & de la liberté. Nous avons senti que cette
liberté étoit le premier don du Ciel , comme le premier
germe de la vertu. Le patriotisme , l'enthousiasme public
ont fait éclore dans cette contrée des hommes nouveaux.
Tous ceux qui sauront s'élever au-dessus des préjugés
qu'on cherche à répandre pour les empêcher de remplir
le plus sacré de leurs devoirs ; tous ceux qui se présen-
teront à ce serment si nécessaire , censuré aujourd'hui
par l'orgueil détrôné , mais défendu par le respect & la
reconnoissance de tous les bons Citoyens , seront honorés
comme les bienfaiteurs de la Patrie , & les sauveurs de
la Religion. Nous les défendrons , nous les protégerons ;
ce seront nos amis , nos freres ; nous respirerons avec eux
cet air purgé des exhalaisons du despotisme ; nous invo-
querons en commun les bénédictions du Ciel sur une Patrie où les Loix ne seront que le garant de la félicité.
Nous trouverons en eux des hommes qui , comme nous
animés du même esprit de liberté , ne craindront pas de
combattre pour la défendre.

# V I I I.

*Il est démontré , selon les expressions de
'M. Bossuet , « que dans les affaires non-*
» *seulement de la foi , mais encore de la*
» *discipline ecclésiastique , à l'Eglise la dé-*
» *cision , au Prince la protection , la défense*
» *à l'exécution des Canons , sa puissance ne*
» *fait que seconder & servir ». L'Eglise ayant*

le droit de se gouverner elle-même, est entiérement indépendante des puissances temporelles dans son rapport avec J. C., son Chef
invisible. Lorsqu'elle s'est expliquée suivant
les regles canoniques sur les matieres relatives
à son régime extérieur, ses décisions forment
un corps de législation, auquel, comme le
déclare encore M. Bossuet, tout doit se soumettre, Rois & Peuples, Pasteurs & Trou-
peaux.

D'après ces considérations trop puissantes
pour ne pas fixer invariablement ma détermination sur la demande que vous m'avez
adressée, je déclare :

1°. Que je ne puis donner mon adhésion
aux dispositions contenues dans la constitution prétendue civile du Clergé, décrétée
par l'Assemblée Nationale, le 12 Juillet dernier, parce que je la regarde, soit comme
attentatoire aux principes, soit comme émanée d'une autorité incompétente pour prononcer sur la discipline de l'Eglise.

2°. Que je crois & ferai toujours profession
de croire que le Pape a, de droit divin dans
toute l'Eglise, une primauté réelle d'honneur
& de juridiction.

3°. Que je ne renoncerai au titre de Métro-
politain qui a été attribué, par l'Eglise, à

mon Siege, depuis les premiers siecles de l'établissement de la Religion chrétienne dans les Gaules, & aux droits qu'elle y a attachés : que même je n'abandonnerai à un autre Evêque aucune partie du troupeau que la providence m'a confié, que lorsqu'une autorité compétente & canonique m'en aura imposé la loi.

4°. Je ne pourrois sans usurpation & sans encourir l'anathême prononcé par l'Eglise exercer hors des limites de mon Diocèse aucuns actes de juridiction, lesquels seroient frappés de nullité.

5°. Que je ne puis ni ne dois concourir à la suppression du chapitre de mon Eglise Cathédrale & Métropolitaine, ni procéder à une nomination de vicaires pour remplacer ce corps aussi ancien que mon siége, chargé de recueillir pendant sa vacance, & d'exercer la juridiction épiscopale établie par la discipline générale de mon Eglise, pour être mon conseil & celui de mes successeurs.

6°. Que quant à l'érection, union, translation ou suppression des cures, qu'il pourroit être utile de prononcer, j'y procéderai, s'il y a lieu, en connoissance de cause, mais après avoir observé les formalités prescrites par les Saints Canons, notamment par le Concile écumenique de Constance, & en portant à cet égard un décret, ainsi qu'il a été constamment observé, sans néanmoins qu'en aucun cas je puisse autoriser l'érection d'une paroisse épiscopale, qui pourroit porter à croire que je ne suis pas le Pasteur immédiat de tous les fideles de mon diocese.

7°. Que je regarderai & traiterai comme intrus, tout Prêtre qui, sans une mission canonique, accordée suivant les anciennes formes prescrites par l'Eglise, jusqu'à ce qu'elle en ait autrement ordonné, auroit la témérité de s'ingérer dans aucunes fonctions pastorales ou vicariales, en l'étendue de mon diocese.

Mon devoir, en qualité de votre premier Pasteur, est de vous avertir, & en même tems tous mes diocésains, de la nullité de tous les actes par lesquels ces usurpateurs du ministere pastoral prétendroient exercer une juridiction, dont ils n'auroient pas été révêtus par l'Eglise.

8°. Que le soin le plus cher à mon cœur sera de veiller de concert avec mes zélés Coopérateurs, à ce que les fideles ne soient jamais privés des secours spirituels que leur doit ma sollicitude pastorale.

9°.

9°. *Que je déclare, enfin, la disposition où je suis de faire le sacrifice, non-seulement de mes biens temporels, mais aussi de ma vie, plutôt que de prêter le serment exigé par le décret du 27 Novembre dernier; serment que ma conscience réprouve, comme tendant à adopter & à maintenir des actes destructeurs de la religion catholique, & de la vraie hiérarchie qui en est inséparable.*

Telle est la déclaration de mes sentimens; je la présente à vous, Messieurs, dont je suis le Pasteur; je la présente à tous les fideles que je suis chargé de conduire dans les voies du salut : je la présente aux chrétiens foibles & chancelans, pour les raffermir: je la présente enfin à tous les coopérateurs de mon ministere, tant à ceux qui, fideles aux principes & aux devoirs de leur vocation sainte, les auroient courageusement professés, qu'à ceux qui par erreur s'en seroient écartés. Je ne puis trop exhorter les premiers à persévérer dans leur devoir, & les autres à réparer promptement, par un désaveu & une rétractation solemnelle, le scandale qu'ils auroient donné en secondant les efforts d'une philosophie audacieuse & antichrétienne, qui se flatte de porter à la religion des atteintes d'autant plus sûres, qu'elle sera parvenue à jetter de la divison parmi ses Ministres.

Pleinement persuadé de la solidité des motifs & des principes que je vous annonce, & que votre réquisition me décide à manifester encore dans une forme plus authentique, j'attesterai, je soutiendrai jusqu'au dernier soupir les vérités évangéliques que je viens de vous exprimer : je les publierai au milieu des contrariétés, des persécutions & des outrages auxquels pourra m'exposer la main des hommes. Celui qui a dit, qu'il sera avec son Eglise jusqu'à la consommation des siecles, veillera sur elle ; & du sein même des dangers dont elle est environnée, il fera sortir des monumens de sa gloire, & préparera son triomphe.

J'ai l'honneur d'être bien respectueusement,

MESSIEURS,

Votre très-humble & très-obéissant serviteur,

✝ FRANÇOIS, Arch. de Tours.

## PARAGRAPHE VIII.

*Celui qui a dit qu'il sera avec son Eglise jusqu'à la consommation des siecles, veillera sur elle ; & du sein même des dangers dont elle est environnée, il fera sortir des monuments à sa gloire, & préparera son triomphe.*

Et c'est aujourd'hui que cette prédiction s'accomplit.... Quand l'exemple odieux d'une dépravation générale avoit corrompu la Religion jusques dans sa source ; quand une grande partie des richesses de l'Etat réunies dans les mains de l'Episcopat s'étoit confondue dans l'esprit du peuple avec les honneurs de ce caractère ; quand on voyoit cette fonction auguste se détourner, s'obscurcir & se perdre dans les vices du luxe & la route de l'opulence ; quand par une collusion sacrilege entre l'Autel & l'Empire, le Clergé de France en mêlant la Religion à toutes les matieres d'Etat, & proposant son opinion comme loi suprême, étoit devenu l'arbitre & le juge de nos discussions politiques & civiles ; lorsqu'enfin les premieres places qui décident du repos & de la confiance publique, n'étoient plus confiées, pour la plupart, qu'à de vils intriguants, souvent à des hommes flétris par l'opinion, alors la présomption, l'intérêt, les passions les plus désordonnées étoient le mobile ; la Religion n'étoit que le voile. On comptoit pour rien la justice ; la vertu tomboit dans l'avilissement ; la simplicité des mœurs chrétiennes n'étoit plus regardée que comme l'effet d'un puérile attachement à des préjugés antiques, à des usages ridicules.

Eh ! que pouvoit être la morale de l'Evangile avec de telles mœurs ? Que pouvoit être la Religion avec un tel gouvernement ? ce qu'elle est de nos jours en Espagne, où le peuple perverti, dégradé par tous les genres de superstition, cimenté lui-même son esclavage par une passive obéissance à des hommes qui se sont, au nom du ciel, assuré le gouvernement arbitraire de la terre.

Le masque est tombé ; les abus sont détruits ; la Religion nous éclaire, s'élève, & du sein des dangers dont elle étoit environnée, elle fait sortir un monument à sa gloire. Nous l'aimons, nous la chérissons cette Religion sainte qui n'a pu varier que dans les fausses applications qu'on en a pu faire, mais jamais dans son essence & dans son principe.

Notre Constitution prouve à l'univers que les Législateurs françois ont fait au Ciel le premier hommage de leur sagesse. Cette sagesse étoit en eux le fruit de la Religion. Ils en ont étayé le colosse du Corps politique, parce qu'elle fut & sera toujours le sanctuaire des vertus, la regle des mœurs, la consolatrice & l'appui de l'humanité. *CONCLUSION.*

Par les principes, l'ancienne Constitution du Clergé ne pouvoit faire aucun bien que la nouvelle ne le fasse encore mieux ; & celle-ci en fera beaucoup que l'autre ne pouvoit faire.

Par la pratique, nous avons vu combien les Évêques, au sein des richesses & de la grandeur qui efféminent la vie, & concentrent toutes les passions dans l'abjection du *moi humain*, pratiquoient difficilement les vertus qui font l'apanage du Christianisme.

Cette époque de notre histoire, où la Religion mieux connue nous rappelle au temps de la primitive Église, nous montre évidemment jusqu'à quel point d'absurdité peuvent conduire l'ambition & l'intérêt d'un Corps superbe qui n'existe plus que par le souvenir d'une souveraineté renversée.

Les Évêques en se *renommant* du Chef de l'Église, font grand bruit de son autorité! Mais que gagnent-ils à cela, quand le Pape lui-même avoue tacitement son incompétence pour prononcer sur une Constitution qui ne touche ni au dogme, ni à la doctrine?

Car voilà le dilemme d'où ces Messieurs ne peuvent sortir sans tomber dans une inconséquence intolérable.

Ou le silence du Pape est une preuve qu'il ne se trouve, dans notre Constitution, rien de contraire à la Religion Catholique; car si la Religion étoit en danger, le Pape pourroit-il se taire? ou ce silence seroit le fruit d'une politique dont les effets ultérieurs produiroient des conséquences favorables au système de l'Opposition. Mais alors quelle moralité pourrions-nous trouver dans une telle conduite? quelle foi pourrions-nous ajouter à des principes qui seroient étayés d'une politique qui ne pourroit être que l'art du mensonge?

La déclaration formelle de M. Conzié & des autres Évêques qui, comme lui, mettent au rang *des vertus apostoliques* le refus de prêter un serment qui n'est autre chose que la promesse authentique d'être bon Citoyen, prouve évidemment combien la Loi du 26 Décembre étoit nécessaire dans cette circonstance où la Religion peut sauver l'Empire, comme l'abus pourroit en causer la ruine & la dissolution.

Cette Loi va directement au grand but que doit se proposer une société politique, en n'appellant aux services de l'Etat que ceux qui en sont les vrais amis. Aussi, éloigne-t-elle ces hommes qui ne sont intéressés à conserver l'ancienne discipline, que parce qu'ils y trouvent l'instrument de nouvelles usurpations; ces rebelles, qui feignant de parler au nom de la Loi, même en la violant, alarment les consciences peu éclairées, & veulent faire renaître dans l'intérieur des familles & dans l'Etat les désordres d'un schisme : ces hommes enfin qui, presque sûrs par leur caractere, de l'impunité de leurs entreprises, considerent que le pis qui puisse leur arriver, c'est de ne pas réussir.

Elle n'appelle à l'exercice du ministere que des citoyens dignes d'en remplir les devoirs sacrés, recommandables par leurs vertus, fideles & soumis à la Constitution de l'Etat, & qui donneront aux fideles l'exemple des bonnes mœurs que nos nouvelles Loix vont établir.

*EXTRAIT du Registre des Délibérations de la Société des Amis de la Constitution, établie à Tours, & affiliée à celle de Paris. Du 27 Fév. de l'an second de la Restauration de la liberté Françoise.*

La Société ayant entendu la lecture de la Réfutation faite par un de ses Membres, de la Lettre écrite par le ci-devant Archevêque de Tours, à MM. les Administrateurs du Directoire du District de cette ville, après y avoir adhéré par des applaudissemens réitérés, a arrêté qu'elle seroit imprimée, à ses frais, au nombre de six cents Exemplaires, pour être distribués par-tout où besoin sera.

*Signés au Registre*, DUPRAT, Président.

COMPAGNON, Prêtre ; MERY ; BARAIS, fils ; GUYOT ; VIDAL, Prêtre, Secrétaires.

*Collationné*, VIDAL, Prêtre, Secrétaire.

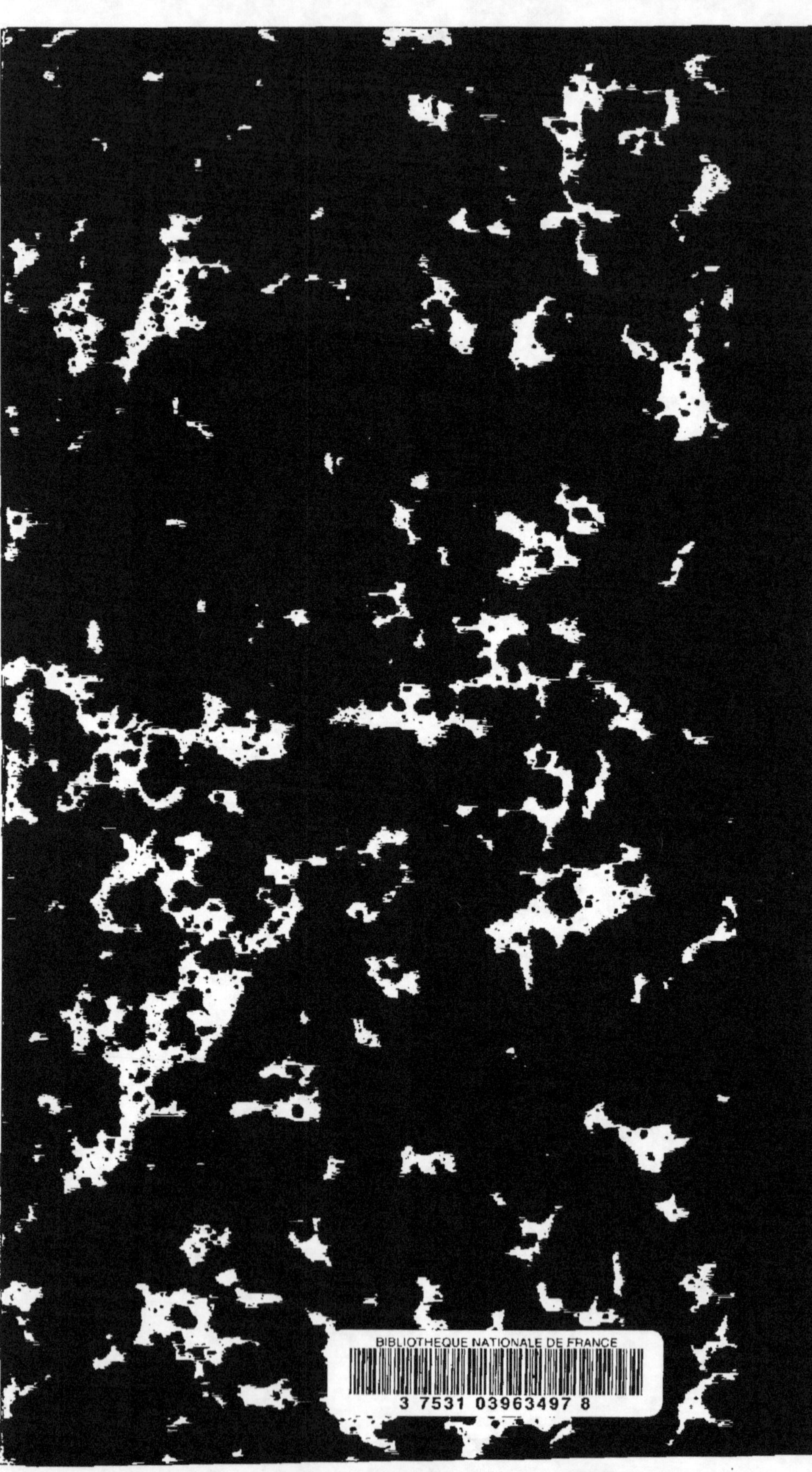

BIBLIOTHEQUE NATIONALE DE FRANCE
3 7531 03963497 8